PANDA JACK
AND THE BAMBOO STALK

TEXT AND ILLUSTRATIONS BY TERRY WALTZ

A PandaRiffic! Book for Early Chinese as a Second Language Readers

Squid For Brains
Albany, NY

Panda Jack and the Bamboo Stalk
(Traditional Character Version)
Terry T. Waltz

Published by Squid For Brains
Albany, NY
Copyright ©2016 by Terry T. Waltz
ISBN 10: 0692480153
ISBN 13: 978-0692480151

有**硬幣**嗎？

一塊 去年 的 糖果！

從前 有 一隻 熊貓。他的 名字 叫 Panda Jack，但是 他的 朋友 都 叫 他 Pack. Pack 的 家 有 兩口 人：他 跟 他的 媽媽。他們 雖然 很 快樂，但是 他們 有 很 大 的 麻煩。他們 沒有 錢。

第一頁

Cóngqián yǒu yìzhī xióngmāo. Tāde míngzǐ jiào PandaJack, dànshì tāde péngyǒu dōu jiàotā Pack. Pack de jiayǒu liǎngkǒu rén: tā gēn tāde māma. Tāmen suīrán hēn kuàile, dànshitāmen yǒu hěn dà de máfán. Tāmen méiyǒu qián.

cónGqiáN yǒu YìZHĪ xiónGMĀO. TĀde* mínGzǐ Jiào Panda Jack, DànShì TĀde* pénGyǒu DŌU JiàoTĀ Pack. Pack de* jia yǒu liǎngkǒu réN: TĀ GĒN TĀde* MĀma*. TĀmen* SUĪráN HĒN Kuàile*, Dànshi TĀmen* yǒu hěn Dà de* mÁfáN. TĀmen* méIyǒu qiáN.

Pack的媽媽跟他說：「我們沒有錢。我們沒有東西吃。我們要賣我們的牛。」

Pack說：「但是我們的牛死了。有人要我們的死牛嗎？」

媽媽說：「去賣牛吧。不要想太多。」

第二頁

Pack de māma gēn tā shuō: "Wǒmen méiyǒu qián. Wǒmen méiyǒu dōngxī chī. Wǒmen yào mài women de niú. "

Pack shuō: "Dànshì wǒmen de niú sǐle. Yǒurén yào wǒmen de sǐ niú ma?"

Māma shuō: "Qù mài niú ba. Búyào xiǎng tài duō."

Pack de* MĀma* GĒN ta SHUŌ: "wǒmen* měiyou qiáN. wǒmen měiyou DŌNGXĪ CHĪ. wǒmen Yào Mài wǒmen de* níU. "
Pack SHUŌ: "DànShì wǒmen* de* níU sǐle*. yǒuréN Yào wǒmen* de* sǐ níU ma*?"
   MĀma* SHUŌ: "Qù Mài níU ba*. bÚYào xiǎng Tài DUŌ."

我覺得比以前舒服多了

　　Pack 去了上海。在上海，很多人都買牛。Pack 跟九十七個人說話。因為那是一頭死牛，九十六個人都不想買 Pack 的牛。有一個人跟 Pack 說，他要買。要買牛的人沒有錢，但是他有竹子。

Pack qùle Shànghǎi. zài Shànghǎi, hěnduō rén dōu mǎi niú. Pack gēn jiǔshíqī ge rén shuōhuà. Yīnwèi nà shì yī tóu sǐ niú, jiǔshìliù ge rén dōu bùxiǎng mǎi Pack de niú. Yǒu yī ge rén gēn Pack shuō, tā yào mǎi. Yào mǎi niú de rén méiyǒu qián. Dànshì tā yǒu zhúzǐ.

Pack Qùle* Shànghǎi. Zài Shànghǎi, hěnDUŌ réN DŌU mǎi níU. Pack GĒN jǐushÍQĪ ge* réN SHUŌHuà. YĪNWèi Nà Shì YĪ tóU sǐ níU, jǐuShìLìu ge* réN DŌU Bùxiǎng mǎi Pack de* níU. yǒu YĪ ge* réN GĒN Pack SHUŌ, TĀ Yào mǎi. Yào mǎi níU de* réN méIyǒu qiáN. DànShì TĀ yǒu zhÚzǐ.

我沒有死!

「雖然那頭不是很好的牛,我喜歡。我的竹子很好。是神奇的竹子!我給你神奇的竹子,你給我你的死牛,好不好?」

Pack說:「好吧!我喜歡你的神奇的竹子。神奇的竹子比一頭死牛好。神奇的竹子比錢好!媽媽會很高興!」

第三頁

"Suīrán nà tóu búshì hěn hǎo de niú, wǒ xǐhuān. Wǒ de zhúzǐ hěn hǎo. Shì shénqí de zhúzǐ! wǒ gěi nǐ shénqí de zhúzǐ, nǐ gěi wǒ nǐde sǐ niú, hǎo bù hǎo?"

Packshuō: "Hǎo ba! Wǒ xǐhuān nǐ de shénqí de zhúzi. Shénqí de zhúzi bǐ yī tóu sǐniú hǎo. Shénqí de zhúzi bǐ qián hǎo! Māma huì hěn gāoxìng!"

"SUĪráN Nà tóU bÚShì hěn hǎo de* níU, wǒ xǐHUĀN. wǒde* zhÚzǐ hěn hǎo. Shì shéNqÍ de* zhÚzǐ! wǒ gěi nǐ shéNqÍ de* zhÚzǐ, nǐ gěi wǒ nǐde* sǐ níU, hǎo Bù hǎo?"

Pack SHUŌ: "hǎo ba*! wǒ xǐHUĀN nǐ de* shéNqÍ de* zhÚzi*. shéNqÍ de* zhÚzi* bǐ YĪ tóU sǐníU hǎo. shéNqÍ de* zhÚzi* bǐ qiáN hǎo! MĀma* Huì hěn GĀOXìng!"

我們是熊貓。她怎麼不吃竹子？

媽媽看到神奇的竹子的時候，就跟Pack說：「Pack，你為什麼把我們的牛賣給一個沒有錢的人？我們要錢。竹子不是錢！」

Pack說：「媽媽，竹子比錢好。這是神奇的竹子！」

媽媽很不高興。「神奇不神奇，竹子不是錢！竹子不好！我不要！」

Māma kàndào shénqí de zhúzi deshíhòu, jiù gēn Pack shuō: "Pack, nǐ wèishénme bǎ wǒmen de niú mài gěi yī ge méiyǒu qián de rén? Wǒmen yào qián. Zhúzi búshì qián! "

Pack shuō: "Māma, zhúzi bǐ qián hǎo. Zhè shì shénqí de zhúzi!"

Māma hěn bù gāoxìng. "Shénqí bù shénqì, zhúzi búshì qián! Zhúzi bù hǎo! Wǒ búyào!"

MĀma* KànDào shéNqÍ de* zhÚzi* de*shÍHòu, Jìu GĒN Pack SHUŌ: "Pack, nǐ WèishéNme* bǎ wǒmen* de* níU Mài gěi YĪ ge* méIyǒu qiáN de*réN? wǒmen* Yào qiáN. zhÚzi* bÚShì qiáN!"

Pack SHUŌ: "MĀma*, zhÚzi* bǐ qiáN hǎo. Zhè Shì shéNqÍ de* zhÚzi*!"

MĀma* hěn Bù GĀOXìng. "shéNqÍ Bù shéNQì, zhÚzi* bÚShì qiáN! zhÚzi* Bù hǎo! wǒ bÚYào!"

那隻熊貓有多重?

　　Pack 看了看 竹子。竹子 大了！Pack 快快地 去 跟 媽媽 說：「神奇的 竹子 大了！我 想 看一看，竹子 上面 有沒有 東西。我 要 爬上去 看一看。」
　　媽媽 說：「好吧！你 爬上去 看一看 吧！」所以 Pack 就 爬了 上去。

Pack kàn le kàn zhúzi. Zhúzi dàle! Pack kuàikuai de gēn māma shuō: "Shénqí de zhúzi dàle! Wǒ xiǎng kànyikàn, zhúzi shàngmiàn yǒu méiyǒu dōngxī. Wó yào páshàngqù kànyikàn."

Māma shuō: "Hǎo bā! Nǐ páshàngqù kànyikàn ba!" Suǒyǐ Pack jiù pále shàngqù.

Pack Kàn le* Kàn zhÚzi*. zhÚzi* Dàle*! Pack Kuàikuai* de* GĒN MĀma* SHUŌ: "shéNqÍ de* zhÚzi* Dàle*! wǒ xiǎng Kànyi*Kàn, zhÚzi* ShàngMiàn yǒu méIyǒu DŌNGXĪ. wÓ Yào pÁShàngQù Kànyi*Kàn."

MĀma* SHUŌ: "hǎo BĀ! nǐ pÁShàngQù Kànyi*Kàn ba*!" suǒyǐ Pack Jìu pÁle* ShàngQù.

他是不是賣蔬菜?

在神奇的竹子上有一個巨人的房子。Pack 看到了巨人，但是巨人沒有看到 Pack。巨人很高！巨人的鞋子比 Pack 大。巨人的椅子比 Pack 的房子大。Pack 雖然很怕巨人，但是他要看看，巨人有沒有可以吃的東西。

Zài shénqí de zhúzi shàng yǒu yī ge jùrén de fángzi. Pack kàndào le jùrén, dànshì jùrén méiyǒu kàndào Pack. Jùrén hěn gāo! Jùrén de xiézi bǐ Pack dà. Jùrén de yízi bǐ Pack de fángzi dà. Pack suīrán hěn pà jùrén, dànshì tā yào kànkan, jùrén yǒu méiyǒu kěyǐ chīde dōngxī.

Zài shéNqÍ de* zhÚzi* Shàng yǒu YĪ ge* JùréN de* fánGzi*. Pack KànDào le* JùréN, DànShì JùréN méIyǒu KànDào Pack. JùréN hěn GĀO! JùréN de* xiÉzi* bǐ Pack Dà. JùréN de* yÍzi* bǐ Pack de* fánGzi* Dà. Pack SUĪráN hěn Pà JùréN, DànShì TĀ Yào Kànkan*, JùréN yǒu méIyǒu kěyǐ CHĪde* DŌNGXĪ.

熊貓 比 巨人 口臭！

那個 巨人 很 喜歡 吃 饅頭。他 吃的 饅頭 比 Pack 的頭 大。因為 巨人 很 大，所以 他 天天 都 吃 三個 巨大 的 饅頭。
　　Pack 說：「巨人的 一個 饅頭，媽媽 可以 吃 三個 月！」

Nàge jùrén hěn xǐhuān chī mántou. Tā chīde mántou bǐ Pack de tóu dà. Yīnwèi jùrén hěn dà, suǒyǐ tā tiāntian dōu chī sānge jùdà de mántou.

Pack shuō: "Jùrén de yī ge mántou, māma kěyǐ chī sānge yuè!"

Nàge* JùréN hěn xǐHUĀN CHĪ máNtou*. TĀ CHĪde* máNtou* bǐ Pack de* tóU Dà. YĪNWèi JùréN hěn Dà, suǒyǐ TĀ TIĀNtian* DŌU CHĪ SĀNge* JùDà de* máNtou*.

Pack SHUŌ: "JùréN de* YĪ ge* máNtou*, MĀma* kěyǐ CHĪ SĀNge* Yuè!"

我的 兩個 弟弟 呢?

Pack 拿了 一個 巨大 的 饅頭。他拿的 饅頭 是 一個 神奇 的 饅頭！Pack 把 神奇 的 饅頭 放在 他的 背包 裡面。 雖然 Pack 的 背包 不大， 但是 因為 他 偷 的 饅頭 是 神奇 的 饅頭， 所以 就 可以 了。

第 八 頁

Pack nále yī ge jùdà de mántou. Tā náde mántou shì yīge shénqí de mántóu! Pack bǎ shénqí de mántou fàngzài tāde bēibāo lǐmiàn.

Suīrán Pack de bēibāo bú dà, dànshì yīnwèi tā tōude màntóu shì shénqí de mántou, suǒyǐ jiù kěyǐ le.

Pack nÁle* YĪ ge* JùDà de* máNtou*. TĀ nÁde* máNtou* Shì YĪge* shéNqÍ de* máNtóU! Pack bǎ shéNqÍ de* máNtou* FàngZài TĀde* BĒIBĀO lǐMiàn. SUĪráN Pack de* BĒIBĀO bÚ Dà, DànShì YĪNWèi TĀ TŌUde* MàntóU Shì shéNqÍ de* máNtou*, suǒyǐ Jìu kěyǐ le*.

那個 巨人 吃 神奇的 饅頭 的時候，他 喜歡 加 醬油。但是，神奇的 竹子 上 都 沒有 醬油，所以 巨人 的 脾氣 很 不好。
Pack 說：「我 爬下去 要 很 快！如果 我 爬得 不快，巨人 就 會 看到 我！我 就會 有 大 麻煩 了！」

Nàge jùrén chī shénqí de mántou deshíhòu, tā xǐhuān jiā jiàngyóu. Dànshì, shénqí de zhúzi shàng dōu méiyǒu jiàngyóu, suǒyǐ jùrén de píqì hěn bù hǎo. Pack shuō: "Wǒ páxiàqù yào hěn kuài! Rúguǒ wǒ páde búkuài, jùrén jiùhuì kàndào wǒ! Wǒ jiùhuì yǒu dà máfán le!"

Nàge* JùréN CHĪ shéNqÍ de* máNtou* de*shÍHòu, TĀ xǐHUĀN JIĀ JiàngyóU. DànShì, shéNqÍ de* zhÚzi* Shàng DŌU méIyǒu JiàngyóU, suǒyǐ JùréN de* pÍQì hěn Bù hǎo. Pack SHUŌ: "wǒ pÁXiàQù Yào hěn Kuài! rÚguǒ wǒ pÁde* bÚKuài, JùréN JìuHuì KànDào wǒ! wǒ JìuHuì yǒu Dà mÁfáN le*!"

我們要多買醬油吧!

　　因為饅頭在Pack的背包裡面，所以Pack爬得很快。巨人都沒有看到他。
　　Pack把巨大的神奇的饅頭放在媽媽的前面。她跟Pack說：「很大的饅頭！你是怎麼把它放在你的背包裡面的?你很牛！」
　　Pack很高興，因為媽媽的脾氣好了。

第十頁

Yīnwèi mántou zài Packde bēibāo lǐmiàn, suǒyǐ Pack páde hěnkuài. Jùrén dōu méiyǒu kàndào tā.

Pack bǎ jùdà de shénqí de mántou fàngzài māma de qiánmiàn. Tā gēn Pack shuō: "Hěn dà de mántou! Nǐ shì zěnme bǎ tā fàngzài nǐde bēibāo lǐmiàn de? Nǐ hěn niú!"

YĪNWèi máNtou* Zài Pack de* BĒIBĀO lǐMiàn, suǒyǐ Pack pÁde* hěnKuài. JùréN DŌU méIyǒu KànDào TĀ.

Pack bǎ JùDà de* shéNqÍ de* máNtou* FàngZài MĀma* de* qiáNMiàn. TĀ GĒN Pack SHUŌ: "hěn Dà de* máNtou*! nǐ Shì zěnme* bǎ TĀ FàngZài nǐde* BĒIBĀO lǐMiàn de*? nǐ hěn níU!"

我們可以點披薩吧！

　　Pack 跟他的媽媽吃了那個巨大的神奇饅頭。雖然饅頭很大，但是有一天，饅頭就沒有了。
　　媽媽跟 Pack 說：「你偷的饅頭沒有了。我們沒有東西吃了！」
　　Pack 跟她說：「好吧，我爬上神奇的竹子去看看，好不好？」

Pack hěn gāoxìng, yīnwèi māma de píqì hǎole.
Pack gēn tāde māma chīle nàge jùdà de shénqí mántou.
Suīrán mántou hěndà, dànshì yǒu yītiān, mántou jiù méiyǒu le.
Māma gēn Pack shuō: "Nǐ tōude mántou méiyǒu le. Wǒmen méiyǒu dōngxī chī le!"
Pack gēn tā shuō: "Hǎo ba, wǒ páshàng shénqí de zhúzi qù kànkan, hǎo bù hǎo?"

Pack hěn GĀOXìng, YĪNWèi MĀma* de* pÍQì hǎole*.
Pack GĒN TĀde* MĀma* CHĪle* Nàge* JùDà de* shéNqÍ máNtou*. SUĪráN máNtou* hěnDà, DànShì yǒu YĪTIĀN, máNtou* Jiù méIyǒu le*.
MĀma* GĒN Pack SHUŌ: "nǐ TŌUde* máNtou* méIyǒu le*. wǒmen* méIyǒu DŌNGXĪ CHĪ le*!"

Pack 拿了 他的 背包，快快地 爬上 了 神奇的 竹子。他 雖然 怕 巨人 看到 他 偷 饅頭，他 要 上去，因為媽媽 沒有 東西 吃。

巨人 的 脾氣 比 媽媽 的 脾氣 好，所以 Pack 就 快快地 爬上 神奇的 竹子 去了。

Pack nále tāde bēibāo, kuàikuaide páshàng le shénqí de zhúzi. Tā suīrán pà jùrén kàndào tā tōu mántóu, tā yào shàngqù, yīnwèi māma méiyǒu dōngxī chī.
Jùrén de píqì bǐ māma dē píqì hǎo, suǒyǐ Packjiù kuàikuaide páshàng shénqíde zhúzi qù le.

Pack GĒN TĀ SHUŌ: "hǎo ba*, wǒ pÁShàng shéNqÍ de* zhÚzi* Qù Kànkan*, hǎo Bù hǎo?"
Pack nÁle* TĀde* BĒIBĀO, Kuàikuai*de* pÁShàng le* shéNqÍ de* zhÚzi*. TĀ SUĪráN Pà JùréN KànDào TĀ TŌU máNtóU, TĀ Yào ShàngQù, YĪNWèi MĀma* méIyǒu DŌNGXĪ CHĪ.

我很想那三個饅頭

但是巨人沒有饅頭了！Pack 很不高興。如果他不給媽媽偷神奇的饅頭，她就沒有東西吃！沒有東西吃，脾氣就不好了！Pack 看了看。巨人吃什麼東西？

Dànshì jùrén méiyǒu mántou le! Pack hěn bù gāoxìng. Rúguǒ tā bù gěi māma tōu shénqíde mántou, tā jiù méiyǒu dōngxī chī! Méiyǒu dōngxī chī, píqì jiù bùhǎo le! Pack kànlekàn. Jùrén chī shénme dōngxī?

JùréN de* pÍQì bǐ MĀma* DĒ pÍQì hǎo, suǒyǐ Pack Jìu Kuàikuai*de* pÁShàng shéNqÍde* zhÚzi* Qù le*.

DànShì JùréN méIyǒu máNtou* le*! Pack hěn Bù GĀOXìng. rÚguǒ TĀ Bù gěi MĀma* TŌU shéNqÍde* máNtou*, TĀ Jìu méIyǒu DŌNGXĪ CHĪ! méIyǒu DŌNGXĪ CHĪ, pÍQì Jìu Bùhǎo le*! Pack Kànle*Kàn. JùréN CHĪ shéNme* DŌNGXĪ?

Pack 看到了巨人的巨大的神奇冰箱！Pack 說：「這個冰箱裡面會有很多好吃的東西。我想把它偷給媽媽。」
Pack 聽到了巨人叫：「偷了我的神奇的饅頭的人就是你，是不是？你在哪兒？我想把你--」
因為 Pack 沒辦法把巨大的神奇的冰箱放在他的背包裡面，所以他爬得不快。

Pack kàndào le jùrén de jùdà de shénqí bīngxiāng!

Pack shuō: "Zhè ge bīngxiāng lǐmiàn huì yǒu hěnduō hǎochī de dōngxī. Wǒ xiǎng bǎ tā tōu gěi māma."

Pack tīngdào le jùrén jiào: "Tōule wǒde shénqí de mántou de rén jiùshì nǐ, shìbúshì? Nǐ zài nǎr? Wǒ xiǎng bǎ nǐ –"

Yīnwèi Pack méibànfǎ bǎ jùdà de shénqí de bīngxiāng fàngzài tāde bēibāo lǐmiàn, suǒyǐ tā pádé búkuài.

Pack KànDào le* JùréN de* JùDà de* shéNqÍ BĪNGXIĀNG! Pack SHUŌ: "Zhè ge* BĪNGXIĀNG lǐMiàn Huì yǒu hěnDUŌ hǎoCHĪ de* DŌNGXĪ. wǒ xiǎng bǎ TĀ TŌU gěi MĀma*."

Pack TĪNGDào le* JùréN Jiào: "TŌUle* wǒde* shéNqÍ de* máNtou* de* réN JiùShì nǐ, ShìbÚShì? nǐ Zài nǎr? wǒ xiǎng bǎnǐ --"

YĪNWèi Pack méIBànfǎ bǎ JùDà de* shéNqÍ de* BĪNGXIĀNG FàngZài TĀde* BĒIBĀO lǐMiàn, suǒyǐ TĀ pÁdÉ bÚKuài.

但是巨人沒有看到他。
　Pack 把他偷的神奇的冰箱放在媽媽前面。媽媽很高興。「Pack，你看！冰箱裡面，好吃的東西很多！」媽媽很高興，因為有東西吃了。媽媽的脾氣也好了。

Dànshì jùrén méiyǒu kàndào tā.

Packbǎ tā tōude shénqíde bīngxiāng fàngzài māma qiánmiàn. māma hěn gāoxìng. "Pack, nǐ kàn! Bīngxiāng lǐmiàn, hǎochī de dōngxī hěn duō!" Māma hěn gāoxìng, yīnwèi yǒu dōngxī chī le. Māma de píqì yě hǎo le.

DànShì JùréN méIyǒu KànDào TĀ.
Pack bǎ TĀ TŌUde* shéNqÍde* BĪNGXIĀNG FàngZài MĀma* qiáNMiàn.
MĀma* hěn GĀOXìng. "Pack, nǐ Kàn! BĪNGXIĀNG lǐMiàn, hǎoCHĪ de* DŌNGXĪ hěn DUŌ!" MĀma* hěn GĀOXìng, YĪNWèi yǒu DŌNGXĪ CHĪ le*. MĀma* de* pÍQì yě hǎo le*.

為什麼不加番茄醬？

　　Pack 跟媽媽都很高興，因為冰箱裡面東西很多。但是有一個人不高興，就是那個巨人。
　　「那隻熊貓偷了我神奇的饅頭！他也偷了我的巨大的神奇的冰箱！冰箱裡面有很多我喜歡吃的東西！我想把那隻熊貓放在饅頭裡面吃！」

第十六頁

Pack gēn māma dōu hěn gāoxìng, yīnwèi bīngxiāng lǐmiàn dōngxī hěnduō. Dànshì yǒu yīge rén bù gāoxìng. Jiùshì nàge jùrén.

"Nà zhī xiōngmāo tōule wǒ shénqíde bīngxiāng! Tā yě tōule wǒ de jùdà de shénqí de bīngxiāng! Bīngxiāng lǐmiàn yǒu hěnduō wǒ xǐhuān chī de dōngxī! Wǒ xiǎng bǎ nàzhī xióngmāo fàngzài mántou lǐmiàn chī!"

Pack GĒN MĀma* DŌU hěn GĀOXìng, YĪNWèi BĪNGXIĀNG lǐMiàn DŌNGXĪ hěnDUŌ. DànShì yǒu YĪge* réN Bù GĀOXìng. JìuShì Nàge* JùréN.

"Nà ZHĪ XIŌNGMĀO TŌUle* wǒ shéNqÍde* BĪNGXIĀNG! TĀ yě TŌUle* wǒ de* JùDà de* shéNqÍ de* BĪNGXIĀNG! BĪNGXIĀNG lǐMiàn yǒu hěnDUŌ wǒ xǐHUĀN CHĪ de* DŌNGXĪ! wǒ xiǎng bǎ NàZHĪ xióNGMĀO FàngZài máNtou* lǐMiàn CHĪ!"

沒有 綠色
比基尼 的 派對
不是 好 派對

Pack 沒有 聽到 巨人 說 他 要 把 Pack 放在 饅頭 裡面 吃，因為 他 在家。
　　冰箱 裡面 的 東西 很多。Pack 跟 媽媽 吃了 冰箱 裡面 的 東西。他們 的 朋友 也 吃了 巨人 冰箱 裡面 的 東西。很好吃！

第 十七 頁

Pack méiyǒu tīngdào jùrén shuō tā yāo bǎ Packfàngzài mántou lǐmiàn chī, yīnwèi tā zài jiā.

Bīngxiāng lǐmiàn de dōngxī hěnduō. Pack gēn māma chīle bīngxiāng lǐmiàn de dōngxī. Tāmen de péngyǒu yě chīle jùrén bīngxiāng lǐmiàn de dōngxī. Hěn hǎochī!

Pack méIyǒu TĪNGDào JùréN SHUŌ TĀ YĀO bǎ Pack FàngZài máNtou* lǐMiàn CHĪ, YĪNWèi TĀ Zài JIĀ.

BĪNGXIĀNG lǐMiàn de* DŌNGXĪ hěnDUŌ. Pack GĒN MĀma* CHĪle* BĪNGXIĀNG lǐMiàn de* DŌNGXĪ. TĀmen* de* pénGyǒu yě CHĪle* JùréN BĪNGXIĀNG lǐMiàn de* DŌNGXĪ. hěn hǎoCHĪ!

但是有一天，冰箱裡面的東西沒有了。Pack 雖然很怕巨人，但是他爬得很快。媽媽的脾氣也很不好了。所以 Pack 就爬上神奇的竹子去。

在竹子上面，他就看到了那個巨人。

Dànshì yǒu yītiān, bīngxiāng lǐmiàn de dōngxī méiyǒu le. Pack suīrán hěn pà jùrén, dànshì tā páde hěnkuài. Māma de píqì yě hěn bùhǎo le. Suǒyǐ Pack jiù páshàng shénqí de zhúzi qù.

Zài zhúzi shàngmiàn, tā jiù kàndào le nàge jùrén.

DànShì yǒu YĪTIĀN, BĪNGXIĀNG lǐMiàn de* DŌNGXĪ méIyǒu le*. Pack SUĪráN hěn Pà JùréN, DànShì TĀ pÁde* hěnKuài. MĀma* de* pÍQì yě hěn Bùhǎo le*. suǒyǐ Pack Jìu pÁShàng shéNqÍ de* zhÚzi* Qù. Zài zhÚzi* ShàngMiàn, TĀ Jìu KànDào le* Nàge* JùréN.

不是我！熊貓都是黑白的！

巨人也看到了Pack！「就是你！你就是偷神奇饅頭的熊貓！你是偷冰箱的熊貓！我跟你說，如果我有醬油，我就會把醬油放在你的頭上，把你放在饅頭裡面吃！但是我沒有醬油，所以我脾氣很不好。」

Jùrén yě kàndào le Pack! "Jiùshì nǐ! Nǐ jiùshì tōu shénqí mántou de xióngmāo! Nǐ shì tōu bīngxiāng de xióngmāo! Wǒ gēn nǐ shuō, rúguǒ wǒ yǒu jiàngyóu, wǒ jiùhuì bǎ jiàngyóu fàngzài nǐde tóushàng, bǎ nǐ fàngzài mántou lǐmiàn chī! Dànshì wǒ méiyǒu jiàngyóu, suǒyǐ wǒ píqì hěn bùhǎo."

JùréN yě **KànDào** le* Pack! "**JiùShì** nǐ! nǐ **JiùShì TŌU** shé**NqÍ** má**N**tou* de* xión**GMĀO**! nǐ **Shì TŌU BĪNGXIĀNG** de* xión**GMĀO**! wǒ **GĒN** nǐ **SHUŌ**, r**Ú**guǒ wǒ yǒu **JiàngyóU**, wǒ **JìuHuì** bǎ **JiàngyóU FàngZài** nǐde* t**óUShàng**, bǎ nǐ **FàngZài** má**N**tou* lǐ**Miàn CHĪ**! **DànShì** wǒ m**éI**yǒu **JiàngyóU**, suǒyǐ wǒ p**ÍQì** hěn **Bù**hǎo."

他會不會怕癢？

　　Pack 說：「如果你有醬油，你會不會高興？」
　　巨人說：「會啊！如果我有醬油，我會吃加了醬油的饅頭。我就不會吃熊貓。因為加不加醬油，熊貓都不好吃。」

Pack shuō: "Rúguǒ nǐ yǒu jiàngyóu, nǐ huìbúhuì gāoxìng?"

Jùrén shuō: "Huì a! Rúguǒ wǒ yǒu jiàngyóu, wǒ huì chī jiā le jiàngyóu de mántou. Wǒ jiù búhuì chī xióngmāo. Yīnwéi jiā bùjiā jiàngyóu, xióngmāo dōu bù hǎochī."

Pack SHUŌ: rÚguǒ nǐ yǒu JiàngyóU,nǐ HuìbÚHuì GĀOXìng? "

JùréN SHUŌ: "Huì a*! rÚguǒ wǒ yǒu JiàngyóU, wǒ Huì CHĪ JIĀle* JiàngyóU de* máNtou*. wǒ Jìu bÚHuì CHĪ xiónGMĀO. YĪNwéI JIĀ BùJIĀ JiàngyóU, xiónGMĀO DŌU Bù hǎoCHĪ."

不要把我加到熊貓上！

　　Pack 說：「我背包裡面就有醬油。我給你！」

　　巨人吃了一個饅頭。因為他吃的饅頭上有醬油，所以他很高興。

　　巨人跟 Pack 說：「你給我醬油。加醬油的饅頭很好吃。你想不想吃？」

Pack shuō: "Wǒ bēibāo lǐmiàn jiù yǒu jiàngyóu. Wǒ gěi nǐ!"

Jùrén chīle yīge mántou. Yīnwèi tā chīde mántou shàng yǒu jiàngyóu, suǒyì tā hěn gāoxìng.

Jùrén gēn Pack shuō: "Nǐ gěi wǒ jiàngyóu. Jiā jiàngyóu de mántou hěn hǎochī. Nǐ xiǎngbùxiǎng chī?"

Pack SHUŌ: "wǒ BĒIBĀO lǐMiàn Jìu yǒu JiàngyóU. wǒ gěinǐ!"

JùréN CHĪle* YĪge* máNtou*. YĪNWèi TĀ CHĪde* máNtou* Shàng yǒu JiàngyóU, suǒYì TĀ hěn GĀOXìng.

JùréN GĒN Pack SHUŌ: "nǐ gěi wǒ JiàngyóU. JIĀ JiàngyóU de* máNtou* hěn hǎoCHĪ. nǐ xiǎngBùxiǎng CHĪ?"

Pack 說：「我跟媽媽都上來跟你吃饅頭，好不好？」

巨人說：「好啊！」

兩隻熊貓跟巨人是好朋友了。Pack 不怕巨人了，也不怕媽媽不好的脾氣了。

Pack SHUŌ: "wǒ GĒN MĀma* ShàngláI GĒN nǐ CHĪ máNtou*, hǎo Bù hǎo?"
JùréN SHUŌ: "hǎo a*!"
liǎngZHĪ xióNGMĀO GĒN JùréN Shì hǎo pénGyǒu le*. Pack bÚ Pà JùréN le*, yě bÚPà MĀma* Bùhǎo de* pÍQì le*.

Pack shuō: "Wǒ gēn māma shànglái gēn nǐ chī mántou, hǎo bù hǎo?"
Jùrén shuō: "Hǎo a!"
Liǎngzhī xióngmāo gēn jùrén shì hǎo péngyǒu le. Pack bú pà jùrén le, yě búpà māma bùhǎo de píqì le.

GLOSSARY

bǎ 把 (grab-that-thing-and…)
ba* 吧 (makes a suggestion)
BĒIBĀO 背包 backpack
bǐ 比 compared to
BĪNGXIĀNG 冰箱 refrigerator
BĪNGXIĀNGde* 冰箱的 refrigerator's
bÚHuì 不會 not likely to, won't
bÚYào 不要 don't…!
Bù/bÚ 不 not
BùGĀOXìng 不高興 unhappy, upset
Bùhǎo 不好 bad
Bùhǎole* 不好了 not good anymore
Bùxiǎng 不想 doesn't feel like
CHĪ 吃 eats
CHĪde* 吃的 the one that was eaten
cónGqiáN 從前 once upon a time…
Dà 大 is big
Dàle* 大了 got big

DànShì 但是 but
de* 的 ('s, the one that…)
de*níU 的牛 a cow that…
de*réN 的人 a person that…
de*shíHòu 的時候 at the time that (when)
DŌNGXĪ 東西 thing
DŌU 都 (all, both)
fánGzi* 房子 house
FàngZài 放在 place at/on/in
GĀO 高 tall, high
GĀOXìng 高興 be happy
ge* 個 (measure word)
gěi 給 gives, for, to
gěinǐ 給你 give you, to you
GĒN 跟 with
GĒNnǐ 跟你 with you
GĒNnǐSHUŌ 跟你說 say to you
GĒNTĀSHUŌ 跟他說 say to him
hǎo 好 is good
hǎoa* 好啊 okay

hǎoba* 好吧 okay then
hǎoBùhǎo 好不好 okay?
hǎoCHĪ 好吃 delicious
hǎoCHĪde* 好吃的 delicious
hǎole* 好了 is good (now, wasn't before)
hǎopénGyǒu 好朋友 good friend
hěn 很 very
hěnDUŌ 很多 many
hěnhǎode*níU 很好的牛 a great cow
hěnKuài 很快 very fast
HènPà 很怕 fears a lot
Huì 會 likely to
Huìa* 會啊 likely to! Okay!
HuìbÚHuì 會不會 is or isn't likely to…?
JIĀ 加 adds
JIĀBùJIĀ 加不加 add or not add
JIĀZài 加在 add to…
JiàngyóU 醬油 soy sauce
Jiào 叫 call, yell

jiushÍLìu 九十六 ninety-six	nǎr 哪兒 where?	took/grabbed
jiushÍQĪ 九十七 ninety-seven	ne* 呢 (softens the whole sentence)	TIĀNTIĀN 天天 every day
Jìu 就 (sooner or easier than expected)	nǐ 你 you	TĪNGDào 聽到 heard
JìuHuì 就會 then is likely to…	nǐde* 你的 your	TĪNGDàole* 聽到了 heard
JìuShì 就是 that's the one, that's it!	nǐKàn 你看 look!	TŌU 偷 steals
JìuShìnǐ 就是你 it's you!	níU 牛 cow; awesome	TŌUde* 偷的 stolen, the one that was stolen
JùDà 巨大 giant	pÁde* 爬得 climbs in a way that is…	tóU 頭 head
JùDàde* 巨大的 giant	pÁle* 爬了 climbed	tóUShàng 頭上 on the head
JùréN 巨人 giant	pÁShàng 爬上 climbs up	WèishéNme* 為什麼 why?
JùréNde* 巨人的 giant's	pÁShàngQù 爬上去 climbs up	wǒ 我 I, me
KànDào 看到 see	pÁXiàQù 爬下去 climbed down	wǒde* 我的 my
KànKàn 看看 take a look	Pà 怕 fears, is afraid of	wǒmen* 我們 we, us
Kànle*Kàn 看了看 took a look, glanced at	pénGyǒu 朋友 friend	wǒmen*de* 我們的 our
Kànyi*Kàn 看一看 glance at, look at	pÍQì 脾氣 temper, mood	wǔge* 五個 five (of them)
kěyǐ 可以 is okay, permissible	qiáN 錢 money	xǐHUĀN 喜歡 likes
Kuài 快 fast	qiáNMiàn 前面 front	xiǎng 想 thinks, feels like
KuàiKuàide* 快快地 quickly	Qù 去 goes	xiǎngle*xiǎng 想了想 thought a moment
KuàiLè 快樂 happy	Qùle* 去了 went	xiǎngTàiDUŌ 想太多 think too much
le* 了 (shows completed action or change of status)	réN 人 person	xiÉzi 鞋子 shoe
lǐMiàn 裡面 inside	rÚguǒ 如果 if	XĪNGQĪ 星期 week
liǎngkǒuréN 兩口人 two people	SĀNge* 三個 three (of something)	XIŌNGMĀO 熊貓 panda
liǎngZHĪ 兩隻 two (animals)	Shàng 上 up, go up	Yào 要 wants/must
MĀma* 媽媽 mama	Shànghǎi 上海 Shanghai	YàomǎiníUde*réN 要買牛的人 the person who wants to buy the cow
mÁfáN 麻煩 problem	ShànglÁI 上來 come up	yě 也 also
ma* 嗎 (yes-or-no?)	ShàngMiàn 上面 top	YĪtóU 一頭 a (cow)
mǎi 買 buys	ShàngQù 上去 go up	yǏzi* 椅子 chair
Mài 賣 sells	shéNme* 什麼 what?	Yìge* 一個 one (thing)
Màigěi 賣給 sell to	shÍSìge* 十四個 fourteen of (something)	Yìge* JùréNde* 一個巨人的 a giant's
máNtou* 饅頭 steamed bun	Shì 是 is/am/are/be/were/was	YìZHĪ 一隻 one (animal)
mélyǒu 沒有 not have, there isn't	ShìbÚShì 是不是 is it?	YĪNWèi 因為 because
mélyǒuKànDào 沒有看到 did not see	SHUŌ 說 says	yǒu 有 have, there is/are
měiBànfǎ 沒辦法 no way to do (something)	SHUŌHuà 說話 speaks	yǒumélyǒu 有沒有 is there?
mínGzi* 名字 name	sǐle* 死了 dead	yǒuYĪTIĀN 有一天 one day…
mÓfǎ 魔法 magic	sǐníU 死牛 dead cow	Yuè 月 month
Mòfǎde* 魔法的 magic	SUĪráN 雖然 although	Zài 在 be at
MòfǎzhÚzǐ 魔法竹子 magic bamboo	suǒyǐ 所以 therefore	zěnme* 怎麼 how?
nÁle* 拿了 grabbed, took	TĀ 他 he	Zhège* 這個 this (one)
nÁShàng 拿上 pick up in the hand	TĀ 她 she	ZhèShì 這是 this is
Nàge* 那個 that (one)	TĀ 它 it	zhÚzi* 竹子: bamboo
NàtóU 那頭 that (cow)	TĀde* 他的 his	
NàZHĪ 那隻 that (animal)	TĀmen* 他們 their	
	TĀnÁde* 他拿的 the one that he	

Made in the USA
Middletown, DE
23 April 2024